Ein Buch zu schreiben, ist zu begreifen, was man schon alles GESCHAFFT hat!

Trigger Warnung!

Suizid

Psychiatrie

Depression

SVV

Bitte nimm dir kurz Zeit und lese dir diesen Text durch.

Ich weiß weder wer du bist, noch wie du aussiehst oder wie dein Charakter ist, aber ich weiß, dass du schon mal einen Tag hattest, an dem du dich nicht wohlgefühlt hast, aber ich verspreche dir, es kommen wieder bessere Tage!

Wenn es mir nicht so gut geht, dann kann ich meistens gar nicht so richtig beschreiben, wie es sich anfühlt, aber ich versuche es mal für dich verständlich zu machen: Es fühlt sich so an, als ob ein großer Stein auf meinen Brustkorb drückt, doch andererseits fühlt sich mein Körper komplett taub an und ich spüre nicht viel. Ich würde dann gerne reden, aber irgendwie weiß ich meistens gar nicht, warum es mir jetzt auf einmal schlecht geht und was der Grund ist. Das kennst du bestimmt auch.

Was ich dir damit sagen möchte? Du bist nicht allein. Ich weiß, dass sich das manchmal so anfühlt, aber da gibt es die 2-3 Menschen, für die es sich lohnt zu kämpfen. Und selbst wenn es die nicht gibt, du schaffst das! Ich hoffe so sehr, dass du irgendwann stolz auf dich sein kannst und froh bist, dass du nicht aufgegeben hast, als du eigentlich keine Kraft mehr gehabt hast. Stolz kannst du aber jederzeit auf dich sein, denn schau, du stehst noch hier, denn du hast ein Kämpferherz!

Hinweis: Solltet ihr selbst unter Problemen erdrückt sein oder von Selbstmordgedanken geplagt werden, versucht, mit anderen Menschen darüber zu sprechen!

Sollte dies mit Familie oder Freunden nicht möglich sein, könnt ihr euch an die Telefonseelsorge unter der Hotline 0800-1110111 wenden.
Sie sind rund um die Uhr zu erreichen und es ist natürlich komplett anonym und kostenlos.

Inhaltsverzeichnis

Vorwort

Kapitel 1: Das andere Mädchen

Kapitel 2: Was nun?

Kapitel 3: Die Scheinwelt

Kapitel 4: Gedankenchaos

Kapitel 5: Hoffnungsschimmer

Kapitel 6. Alltag

Kapitel 7: Erfolg oder Niederlage

Kapitel 8: Die letzten Dinge

Kapitel 9: Ein Alptraum

Kapitel 10: Zurück ins Leben

Kapitel 11: Der 3. Klinikaufenthalt

Meine Gedanken in Texten

Nachwort

Danksagung

Vorwort

Tali hier,

Ich bin das Mädchen, was immer wieder ans Ufer zurückkam. Ich bin die, die kein Akku mehr hatte, aber trotzdem irgendwie funktioniert hat.

„Ich stoße mit der Handoberfläche aus dem Wasser, danach mit dem Kopf. Panisch nehme ich einen Atemzug bevor mich die nächste Welle wieder unter das Wasser zieht. Die Welle könnte ich auch als meine Gedanken oder Depression bezeichnen. Sie sind wie ein Sturm auf dem Meer. Und ich bin mitten drin. Ohne ein Boot. Nur ICH. Ich versuche panisch Land zu finden, aber weit und breit ist nur das scheinbar unendlich große Meer. Irgendwann werde auch ich die Kraft verlieren. Ertrinken oder weiter schwimmen? Hoffen, dass ein Baumstamm oder etwas anderes vorbei kommt, das mich an der Wasseroberfläche hält oder doch lieber aufgeben?

Begleite mich in dem Buch durch meine wohl schwierigste Zeit im Leben.

1

Heute habe ich versucht, mich selbst zu akzeptieren, doch warum geht das auf einmal so schwer?

Ich war doch sonst jemand der gerne selbstbewusst auf der Bühne gestanden hat. Ich war doch auch die, die es geliebt hat am Geburtstag im Mittelpunkt zu stehen. Doch wo ist dieses alte „Ich" hin? Wurde ich etwa beklaut? Aber wie soll mir jemand meine Persönlichkeit oder auch meinen Charakter wegnehmen? Das weiß ich mit 12 mittlerweile, dass es sowas nur im Fernsehen gibt. Klar, in dem Alter kennt man Krebs, aber psychische Krankheiten werden tot geschwiegen. Deswegen konnte ich auch nicht wissen, dass es etwas gibt, was mein Wesen verändert. Auf einmal konnte ich mich auch wieder im Spiegel anschauen und sagen „Wow, wie schön". Doch nach einiger Zeit ging das Selbstbewusstsein wieder weg, aber warum? Vor zwei Wochen war ich doch noch ein total glücklicher Mensch, der eine eins mit nach Hause gebracht hat. Es ist schwer auf einmal so zu leben, als wäre man eine neue, fremde Person, die ich vor kurzem erst kennengelernt habe und sofort respektieren muss. Doch... beim Kennenlernen hat man Zeit, der Unterschied zu mir ist, ich muss von jetzt auf gleich mit meinem neuem „Ich" klarkommen. Oder gibt es noch eine andere Lösung? Mit der Zeit scheint alles aussichtsloser...

Wenn ich jetzt mein neues „Ich" annehme, was soll ich machen, wenn es mir schon nach einem Monat nicht mehr gefällt? All diese Fragen gehen mir durch den Kopf, aber nur die Zeit und nicht ich, kann sie beantworten.

Ich habe in der letzten Woche viel überlegt, doch die Zeit vergeht und das „Ich" hat meinen Körper immer mehr unter Kontrolle. Hätte ich heute gewusst, was in zwei Monaten passieren wird, hätte ich mich so lange gegen das neue „Ich" gesträubt, dass es keine Chance gehabt hätte an mich ran zu kommen.

Und wieder ist Zeit vergangen in der ich nachgedacht habe. Eventuell ein bisschen zu viel, denn in der Schule ist das mein einziges, großes Thema. Oh nein, jetzt werde ich vom Lehrer aufgerufen. Ich überlege, was ich sagen kann, denn natürlich möchte ich sowas wie „Ich habe nicht aufgepasst" nicht sagen, so kennen mich die Lehrer nämlich nicht. Gerade kann ich mich noch retten, aber ich bin enttäuscht über mich selbst. Und das jetzt schon? Wie soll es dann weitergehen mit meinem neuen „Ich"?

2

Auf einmal hat mein neues „Ich" meinen Körper abgestoßen. Stimmen die total real klingen, sagen mir, dass ich viel zu dick und sowieso nicht hübsch genug bin. Für mich war das ein riesengroßer Rückschlag, weil ich doch das „Ich" lieben lernen wollte, aber wie soll das gehen, wenn es so gemein ist?

Es ist Mitte Oktober 2018 und egal wie warm es ist, ab da habe ich nur noch lange Kleidung getragen. Zu einem bestimmten Zeitpunkt ging es mir rapide schlechter. Doch ich hatte keine andere Möglichkeit, als diese Zeit auszustehen. Irgendwann hat mein neues „Ich" einen Riegel vor „Ich schaff das" geschoben. Meinem Immunsystem ging es immer schlechter und meine Stimmung wurde einfach nicht besser. Am 18. Oktober bin ich letztendlich in einen Kreislauf oder auch schwarzes Loch gefallen, denn ich habe angefangen mich selbst zu verletzen. Es war nicht doll und ich tat es auch nicht so oft, aber seit der ersten Sekunde an, habe ich dafür ein positives Gefühl entwickelt. Immer wenn es mir nicht gut ging, habe ich mir selbst Schaden zugefügt. Ich war so froh, etwas gefunden zu haben, was mein neues „Ich" besiegen kann und stärker ist. Aus diesem Grund habe ich über die Folgen oder Konsequenzen nicht nachgedacht.

Heute war mal wieder ein Tag, wo ich über alte Bekanntschaften gestolpert bin. Es zerreißt mich, dass Leute gegangen sind, mit denen ich einfach so tolle Momente erlebt habe. Also habe ich meinen Spitzer auseinander gebaut, weil die Schere nicht mehr scharf genug war. Ich habe außer ein sanftes Streichen auf der Haut nichts mehr wahrgenommen, weil ich es mittlerweile gewohnt bin. Aber es war doch gerade noch eine gute Lösung. Ist es jetzt schon wieder vorbei und ein erneuter Rückschlag? Wie böse kann dieses neue „Ich" nur sein, wenn es jeden meiner Vorschläge ablehnt.

Langsam beeinflussen mich meine inneren Stimmen immer mehr, sie machen mich schwächer und ziehen mich runter. Jetzt kommt die Zeit, dass Leute mir anmerken könnten, dass ich schneller reizbar und genervt bin, deswegen trage ich außerhalb meines Zimmers eine Maske. Ich bin echt erleichtert, als ich merke, dass niemand es merkt, nicht mal meine Familie oder meine engsten Freunde. Doch im nächstem Augenblick habe ich Angst vor mir selbst: warum bin ich im Moment so und warum verletze ich mich selbst? Vor kurzem habe ich doch sogar noch über Leute gelacht, die sich ´ritzen´(ich hasse dieses Wort so sehr). Ich erkenne mich selbst nicht mehr wieder. Warum stoße ich denn meine eigene Persönlichkeit immer mehr ab? Wie soll es weitergehen? Wie soll ich das alles meinen Mitmenschen beibringen? Und schon wieder Zweifel ich an mir selbst. Im Sportunterricht ziehe ich nur noch lange Sachen an und trotzdem schäme ich mich. Nein, ich schäme mich nicht für die Selbstverletzungen, ich schäme mich für mein neues „Ich". Noch immer wundere ich mich warum es überhaupt dazu kommen konnte.

Mit der Zeit wird alles schlimmer, täglich schlafe ich weinend ein und wache 3 Uhr morgens endgültig auf. Ängste entwickeln sich und ich möchte nur noch in meinem dunklen Zimmer sein. Die Realität habe ich längst vergessen, stattdessen lebe ich in meiner traurigen, düsteren Scheinwelt, in der für die Schule kein Platz ist. Plötzlich reichen die Klingen vom Spitzer nicht mehr, ich greife zum Rasierer, aber wer weiß, wie lange mir dieser hilft.

3

Meine Scheinwelt scheint immer realer und größer zu wirken, ich fühle mich viel wohler in ihr und sie ist nahezu perfekt. In der Außenwelt bin ich zwar noch da, aber anwesend bin ich schon längst nicht mehr.

Mein letztes Treffen mit Freunden fand heute statt. Langsam wusste mein enger Freundeskreis davon auch, wie es mir geht. Deswegen fanden sie es nicht schlimm, dass ich mich zurückgezogen habe. Mein Tagesablauf war also ab jetzt immer der gleiche. Ich kam von der schule heim, habe meistens nicht mal meine Hausaufgaben gemacht, das kam sonst nie vor, und habe mich ins Bett gelegt. Anschließend habe ich mein Zimmer abgedunkelt, um mich dann unbeobachtet selbst zu verletzen. Ich habe meine Depri-Playlist angemacht und dann einfach meinen Kopf ausgeschalten. Nebenbei habe ich mit traurige YouTube Videos angeschaut und meistens geweint. Ich wusste selbst nicht mehr, was mit mir passiert. Ich hatte nun überhaupt keine Lust mehr auf die reale Welt und wollte sterben. Ja, nun kamen Suizidgedanken auf, die sich relativ schnell an erster Stelle in meinem Kopf gesetzt haben. Also bin ich noch öfter in meine Scheinwelt, die ich mir einfach immer nur vorgestellt habe, gereist. Nicht mal in der Schule konnte ich aufpassen und bin mich jede Pause selbstverletzen gegangen. Und dann kam die erste schlechte Note, welche mich noch mehr zerfetzt hat. Dazu kam noch, dass meine Eltern getrennt leben, was meinen Orientierungssinn komplett in den Keller gebracht hat. Meine Hobbys habe ich auch vernachlässigt und ich bin immer unregelmäßiger zum Training gegangen. Da Weihnachtszeit war, habe ich sehr viele Auftritte gehabt, doch wie soll ich meine Narben bei einem kurzen Tanzkostüm überdecken? Zum Glück wussten manche aus meiner Gruppe davon und haben mir beim Abdecken geholfen. Auf einmal habe ich mich aber geschämt. Es fühlte sich nichts richtig an. Eigentlich hatte ich noch nie ein schlimmes Leben, eigentlich lief immer alles, aber irgendwie falsch. Auf einmal fange ich an zu zittern. Ich stehe steif da und wünsche mir unbeschwert zu leben, wie die anderen in meinem Alter. Ich will wieder in der realen Welt leben und glücklich sein. Ich möchte zurück in die Grundschule und sein, wie ich will. Ich wünsche mir festen Boden unter den Füßen. Doch der Boden, auf dem ich mich befinde, ist brüchig und spröde, an manchen Stellen sogar schon ganz kaputt. Ich muss jeden Morgen aufs Neue Kraft sammeln, um den Tag zu überleben. In der Schule wird die Konzentration immer schwächer. Aller paar Minuten schaue ich auf die Uhr, um zu wissen wann endlich wieder Pause ist, und ich an einen stillen Ort gehen kann. Ich komme nach Hause und finde einfach keinen Ausweg aus diesem unendlichen Teufelskreis. Mein neues „Ich" sagt mir, was für ein Versager ich bin und mein Selbstbewusstsein bröckelt nur so ab. Mittlerweile schaue ich nicht mal mehr in den Spiegel, weil ich in mir nichts Gutes, nur Schlechtes finden und sehen kann. Doch wie soll es weitergehen? Aktuell ist dies meine häufigste Frage. Nichts interessiert mich aber auch so sehr, als dieses eine Thema: Meine Gedanken.

4

Ja, dann hat alles sehr schnell seinen Lauf
genommen. Am zweiten Freitag im
Dezember sollte es noch schlimmer werden.
Bis jetzt habe ich ja alles gut verdecken
können, aber in dieser Nacht hat Mama
wohl alles gesehen. Am Morgen des 13.12
wurde ich auf alles angesprochen. Es war
das Schrecklichste, was ich mir hätte
vorstellen können. Also musste ich nicht
lange überlegen, um zu wissen, dass ich
heute nicht in die Schule gehe. Ich habe
mich selbst und meine Gedanken nicht
mehr stoppen können. Nun, ich bin zur
Spree mit zahlreichen Brücken gegangen.
Ich wollte springen, doch ich weiß nicht
warum, aber irgendetwas hat mich davon
abgehalten. Doch ich war zu kraftlos für den
langen Rückweg nach Hause gewesen, also
bin ich durch die bitterkalte Spree
gegangen. Es tat gut, mich so leidend zu
sehen, aber es war auch verdammt knapp.
Fast hätte mich die noch so kleine Strömung
mitgerissen oder die scharfkantigen Steine
meine Zehen durchbohrt. Meine Hose ist
zwar vollkommen durchnässt gewesen,
doch die Blicke auf dem Heimweg habe ich

auf mich nehmen müssen. Als ich zu Hause angekommen bin, habe ich mir eine Badewanne eingelassen. Erneut habe ich versucht allem zu entkommen, aber es hat wieder nicht funktioniert. In manchen Momenten bin ich froh noch am Leben zu sein, in den meisten eher nicht. Da ich nach den zwei Versuchen so entkräftet gewesen bin, musste ich erst mal meine Gefühle nieder schreiben:

Denn... ich bin nutzlos, ich weiß, schaffe nichts mehr, hab keinen Fleiß. Ich bin dick, hässlich und dumm und dann kommt immer die Frage `Warum´?

Warum ich, ich bin doch eh schon von allen verhasst, fühl keinen Schmerz und kann nicht hassen und du fragst, warum ich es nicht einfach lasse?

Denn... ich bin nutzlos, ich weiß, schaffe nichts mehr, hab keinen Fleiß. Ich bin dick, hässlich und dumm und dann kommt immer die Frage `Warum´?

Warum ich, ich bin belastet von oben bis unten, ich weiß keinen Ausweg, fühl mich ja

eh schon wie ertrunken und du fragst,
warum ich es nicht einfach lasse?

Denn... ich bin nutzlos, ich weiß, schaffe
nichts mehr, hab keinen Fleiß. Ich bin dick,
hässlich und dumm und dann kommt immer
die Frage `Warum`?

Warum ich, ich bin verblutet von Kopf bis
Fuß, ich kann`s nicht mehr lassen, der
schritt wäre zu groß, dann noch diese
ganzen Gedanken und du fragst, warum ich
es nicht einfach lasse?

Denn... ich bin nutzlos, ich weiß, schaffe
nichts mehr, hab keinen Fleiß. Ich bin dick,
hässlich und dumm und dann kommt immer
die Frage `Warum`?

Warum ich, ich kann nichts mehr sehen,
alles schwarz, in Problemen versunken,
doch wem soll ich´s sagen, denken doch eh
alle ich hab einen Schaden und du fragst,
warum ich es nicht einfach lasse?

Denn... ich bin nutzlos, ich weiß, schaffe
nichts mehr, hab keinen Fleiß. Ich bin dick,
hässlich und dumm und dann kommt immer
die Frage `Warum`?

Warum ich, ich will einfach nur noch sterben, die Pläne sind fertig und es gibt keinen auf Erden, der mich aufhalten kann und du fragst, warum ich es nicht einfach lasse?

Denn... ich bin nutzlos ich weiß, schaffe nichts mehr, hab keinen Fleiß. Ich bin dick, hässlich und dumm und dann kommt immer die Frage ´Warum`?

Warum ich, ich stand auf der Brücke bereit zum Springen, die Pulsader kribbelte, die Gedanken hielten mich am Leben und du fragst, warum ich es nicht einfach lasse?

Denn... ich bin nutzlos ich weiß, schaffe nichts mehr, hab keinen Fleiß. Ich bin dick, hässlich und dumm und dann kommt immer die Frage `Warum`?

Warum ich, ich kann nicht mehr, von allen abgeschoben, Suizidversuche missglückt, Arme und Beine aufgeschlitzt, es gibt nichts mehr, was mich schützt und du fragst, warum ich es nicht einfach lasse?

Denn... ich bin nutzlos, ich weiß, schaffe nichts mehr, hab keinen Fleiß. Ich bin dick,

hässlich und dumm und dann kommt die
Diagnose `Warum`?

Besser gefühlt habe ich mich durch dieses
Gedicht nicht, aber es hat mir geholfen, zu
verarbeiten. Zu verarbeiten, was ich schon
alles erleben musste. Mit 12 habe ich schon
um mein Leben und mich selbst gekämpft,
und das von jetzt auf gleich. Dieses von jetzt
auf gleich, hat vieles schwieriger gemacht.
Zum Beispiel wie ich meiner Mama erklären
sollte, warum ich nicht in der Schule war
und stattdessen mein Leben beenden
wollte. Auf einmal wurde durch diesen Tag
nur noch alles schlimmer und ich hatte
einen noch größeren Selbsthass. Ich habe
mich als Problem gefühlt und die
Suizidgedanken wurden immer stärker. Ich
habe echt lange darüber nachgedacht zu
flüchten und zu erfrieren oder auf eine noch
höhere Brücke zu gehen. Einen Tag lang
habe ich die Kontrolle über meinen Körper
komplett verloren und einzig und allein
innere Leere in mir selbst gespürt. Ich habe
überlegt ins Kinderheim zu gehen oder doch
lieber an einen stillen Ort. Letztendlich hat

mein Kopf sich selbst abgeschalten und ich bin auf einmal mitten am Tag eingeschlafen. Am nächsten Morgen kam mir alles so fremd vor. Ich war unendlich kraftlos und habe es einfach nicht geschafft aufzustehen. Alles war so sinnlos. Nein, noch schlimmer, aber das Gefühl kann ich selbst nicht in Worte fassen. Es war ein Schrei nach Hilfe, aber niemand hat mich gehört. Ich hatte keine Ziele mehr und fühlte mich so wertlos. Nach außen hin habe ich mir aber nichts anmerken und war immer für alle da, wenn es ihnen nicht gut ging. Ich wurde immer kränker und kapselte mich noch mehr ab. Tagelang war ich in meinem Zimmer, der einzige Ort an dem ich mich wohlfühlte und von niemandem gestört wurde. Ich konnte mir selbst nicht erklären, warum es so gekommen war und das lies mich noch mehr an mir verzweifeln.

5

Die letzten Tage waren schlimm, doch ich habe sie überlebt. Heute, dem 21.12 ist es endlich so weit: Ich habe meine erste Therapiestunde. Natürlich habe ich Angst, doch das Gefühl, bald wieder leben zu können, überwiegt.

Schon nach 5 Minuten Gespräch sagt der Therapeut mir, dass es besser ist, wenn ich in eine Klinik gehe. Ein Rückschlag. Noch dazu meinte er, er will mich eigentlich gar nicht nach Hause schicken, weil er Angst um mich hat, aber ich konnte ihm versprechen, mir nichts anzutun.

Auf einmal war auch schon Weihnachten. Die größte Qual stand mir bevor, denn mich erwarteten so viele Menschen. Ich weiß zwar nicht wie, aber irgendwie habe ich es überstehen können.

Die nächste Therapie stand an, wo mir gesagt wurde, dass ich jetzt auf der Warteliste einer Psychiatrie stehe. Zwei Monate betrug die Wartezeit, aber nach einen Tag stand fest, dass ich schon bald aufgenommen werden kann. So richtig glücklich bin ich mit dem Gedanken nicht gewesen, aber auf der anderen Seite war ich froh, Hilfe zu bekommen. Bis zu dem Zeitpunkt wollte ich meine Probleme selbst lösen und niemanden damit belasten. Mittlerweile wusste ich aber, dass ich es einfach nicht mehr schaffe. Im nächsten Moment rede ich mir ein, dass es wichtigere Leute gibt und das nicht ich den Anspruch auf Hilfe bekommen sollte. Mir geht's doch gar nicht schlecht, nur ich bin das Schlechte, reden mir meine inneren Stimmen ein. So lange habe ich es mir eingeredet, bis ich es geglaubt habe. Silvester überstand ich ganz gut, doch drehten sich meine Gedanken nur noch um das Thema ‚Klinik'.

Tagebucheintrag vom 30.12.2018:

Heute ist Silvester, aber ich weiß eh schon, dass ich es bis um 12 nicht schaffe. Naja auf jeden Fall kam meine Mama gerade mit einer Luftschlange rein, aber ich bin für sowas gerade nicht zu haben. Aber das geht vorbei... Nebenbei schaue ich das doppelte Lottchen, sie haben gerade raus gefunden, dass sie Schwestern sind. Meine Gedanken drehen sich trotz Ablenkung nur noch darum, wie ich Menschen aus dem Weg gehen kann, also total belastend. Denn wer es glaubt oder nicht, ich bin ja auch ein Mensch. Aber natürlich denke ich auch viel an die Klinik und meine Zukunft. Werde ich überhaupt wieder gesund und habe ich eine Zukunft? Macht die Klinik nur alles schlimmer? Und nehmen die mich da überhaupt wirklich ernst? Bald schon werde ich all diese Fragen beantworten können, darauf bin ich schon echt gespannt.

Meine Familie und meine Freunde haben mich in dieser Zeit sehr unterstützt, was mir echt Kraft gegeben hat. Der letzte Abend zu Hause stand an und beim Sachen packen, musste ich schon die ein oder andere Träne verdrücken. Es ist ein Tag, den ich nicht vergessen werde, weil ab da alles besser werden sollte. Und... auf einmal war es so weit, um sieben in der Früh sind meine Mama und ich los gefahren. Es hat total geschneit und es war bitterkalt. Plötzlich waren wir da. Irgendwie hat sich alles so komisch und fremd angefühlt. Hier mein 1. Kliniktagebuch-Eintrag:

Liebes Klift Pout (Klinik+Kraft+Power+Mut),

Heute bin ich schon halb sechs aufgestanden, da wir ja schon zeitig los machen mussten. Hab dann also noch was gegessen, mich von meinen besten Freundinnen verabschiedet und um sieben haben wir den Weg auf uns genommen. Wir waren da, nun musste ich erst mal durch eine Patientenkontrolle oder Aufnahme. Aber die Frau, die das gemacht hat, ist echt nett gewesen. In der Zwischenzeit schneite es immer mehr, insgesamt 7 Centimeter Neuschnee. So naja, anschließend sind wir dann zu meiner Station, dort wurde mir gleich gesagt, dass ich mein großes Kuscheltier nicht behalten darf... Joa wir wurden dann in einen Raum mit der zuständigen Ärztin/Psychologin, einer Schwester und einem Schüler geschafft. Dort haben wir dann über mich geredet, wie wir hier verfahren, wie lange ich hier drin bleibe und so. Danach sind wir auf mein Zimmer. Pfleger haben dann meine Sachen durchsucht und Rasierer und Zirkel weggenommen. Oh man, damit hätte ich nicht gerechnet. So naja meine Mama kam dann irgendwann von der Ärztin und wir haben meine Sachen ausgeräumt und uns die Hausordnung durch gelesen. Dann wurde bei mir nochmal alles durchgecheckt. Anschließend bin ich aufs Zimmer und meine Mama und ich haben noch ein bisschen mit meiner Zimmernachbarin geredet. Dann ist meine Mama gegangen, meine Zimmernachbarin (ich nenn sie mal Lilo) hat mir alles gezeigt und wenig später gab es Mittagessen. Nach dem Essen ging es mir nicht so gut. Ich habe wegen Heimweh geweint, aber Lilo hat mir gut zugeredet. Dann wurde ich nochmal untersucht, von der Stationsärztin über meine Geschichte befragt und dann gab es auch schon Vesper, Kekse und Kakao. Danach waren Lilo und ich noch ein bisschen auf dem Zimmer und dann sind wir mit der Station spazieren gegangen. Wir kamen wieder, haben noch ein bisschen Fernsehen geschaut und dann musste ich baden. War eigentlich echt nicht schlimm. Danach haben wir noch mit Lilo´s Besuch geredet und anschließend stand auch schon Abendessen auf dem Plan. Jetzt musste ich gerade noch in so ein Heft schreiben, mich eincremen lassen und jetzt schreibe ich hier drin. Im Großen und Ganzen habe ich mich schon eingelebt, obwohl Lilo auch sagte, die Anfangszeit ist die schwierigste... um 20:30 habe ich dann

28

übrigens Bettruhe und 20:15 muss ich auf mein Zimmer gehen. Davor schauen wir immer noch Nachrichten und bekommen die Pläne für nächsten Tag.

Mein Tag: 7.00 Uhr-wecken

7.30 Uhr-Frühstück

8.00 Uhr-Gruppenvisite

Therapien/Freizeit/Klinikschule

11.30 uhr-Mittagessen

12.00 Uhr-Punkterunde (Bewertung des Verhaltens)

Therapien/Freizeit

13.00-14.30 Uhr-Mittagsruhe

Therapien/Freizeit

15.00 Uhr-Vesper

17.30-18.30-Fernsehzeit

18.30 Uhr-Abendbrot

19.00-19.45 Uhr-duschen, Heft schreiben,…

19.45 Uhr-Zimmerkontrolle

20.00 Uhr-Punkterunde

20.05 Uhr-Nachrichten/
Tagespläne

20.30 Uhr- Bettruhe

Am Anfang hatte ich noch nicht so viele
Therapien, eher Untersuchungen. Mit der
Zeit kam es aber und ich habe mich an die
Umgebung und den Tagesablauf gewöhnt.
Und schon bald durfte ich für einen Tag
nach Hause. Die Versuchung war zu groß
und ich konnte dem Druck nicht
standhalten. Natürlich hatte das
Konsequenzen. Ich durfte das nächste
Wochenende nicht nach Hause. So ging es
ständig weiter. Mal hatte ich einen Rückfall,
mal konnte ich mich gut ablenken. Ich hatte
viele Tiefpunkte, an denen ich mich gefragt
habe ´Bringt es wirklich was, dass ich hier
bin`. Wie auch an diesem Tag:

(26.02.2019) Ich lache, obwohl ich schon
wieder down bin, das ist die reinste Realität.
Nur was soll ich tun? Wenn ich das wüsste,
wäre ich wahrscheinlich nicht hier. Schon
ganze acht Wochen bin ich hier und
verändert hat sich fast nichts. Gut, das

selbstverletzen werde ich vielleicht nie ablegen. Trotzdem möchte ich es in den Griff bekommen und besser mit Anspannung umgehen können. Doch so ein Abend wie heute, bewirkt nur das Gegenteil. Man wird beschuldigt für das, was man nicht war. Alles was ich mache, ist falsch und obwohl das Personal weiß, dass es mir nicht gut geht, werde ich mit immer mehr Sachen konfrontiert. Ich weiß nicht was ich machen kann, aber Kraft zum Kämpfen habe ich nicht mehr. Ich habe zu nichts mehr Lust, nicht mal zum Weiterleben, aber wem soll ich das sagen. Doch wie man so schön sagt: Die Zeit lässt alle Wunden heilen…

Manchmal, zum Beispiel in solchen Momenten wie jetzt, frage ich mich, ob das ganze hier wirklich was bringt oder nur alles schlimmer macht. Der einzige Vorteil hier ist, dass ich geschützt vor mir selbst bin. Ich kann mir keine Tabletten holen und mich dann damit zu pumpen. Nur finde ich außer Pillen keine Lösung mehr. Ich weiß oft nicht mal, warum ich mir helfen lasse. Ich meine, das Selbstverletzen ist doch was Positives für mich, warum soll ich es dann ablegen?

Oder dann gibt es Morgen, wo ich am liebsten nicht aufstehen möchte, sondern einfach liegen bleiben will.

So viele Tage habe ich gehabt, wo ich von Verzweiflung geplagt wurde. Doch immer habe ich mit meinen 12 Jahren weitergemacht und mich nicht unterkriegen lassen. So oft habe ich gegen meine Gedanken und die Stimmen gekämpft und immer wieder habe ich gewonnen. Wenn es mal Niederlagen gab, bin ich aus eigener Kraft wieder aufgestanden und habe es erneut versucht. Klar kam mein Körper meistens nicht so ohne weiteres davon, aber aus eigenem Willen habe ich versucht, das Beste daraus zu machen. Durch die Unterstützung, die ich hatte, ging das auch nochmal besser, als hätte ich allein da gestanden. Ich musste oft den falschen Weg kennenlernen, bevor ich den richtigen gefunden habe. Doch durch jede Narbe bin ich stärker geworden und jeder Fortschritt hat mir Mut gemacht. Da ich mittlerweile auch viele Therapien hatte, war ich immer

abgelenkt. So sah mein Tagesablauf am
1.3.2019 aus:

Liebes Klift Pout,
58. Kliniktag

Heute habe ich nur bis viertel sechs
geschlafen und dann noch ein bisschen vor
mich her geschlummert. Dann habe ich
über Kopfhörer Musik gehört so bis halb
sieben. Danach habe ich angezogen und so
und um sieben kam Schülerin J. uns wecken.
Also gab es zunächst Frühstück und dann
war Wochengruppe. Meine Wochenaufgabe
und mein Punktziel ist gleich geblieben, nur
bin ich jetzt Gruppenraumdienst. Als die
Visite vorbei war, habe ich noch mit meiner
Therapeutin geredet, wie das Gespräch mit
meinem Papa abgelaufen ist. Ihm wurde
gesagt, dass ich keinen Kontakt mehr
möchte. Dreiviertel zehn war
Lebenspraktisches (Zimmer säubern) und
danach musste ich noch den Gruppenraum
putzen. Eine Stunde später war
Gruppenstunde mit der Sozialarbeiterin.
Also mussten wir wie immer erst mal sagen,
wie es uns geht. Dann haben wir Bilder aus
einer Zeitung geschnitten und aufgeklebt.

Anschließend gab es Mittag, was wie immer nicht lecker war. Danach haben wir noch Rommee gespielt und dabei geredet. Kurz vor eins mussten wir in die Mittagsruhe, also auf unser Zimmer und da hab ich mir Musik angemacht und nebenbei geschrieben beziehungsweise mit meiner Zimmernachbarin geredet. Als die Mittagsruhe zu Ende war, habe ich noch fix gevespert und dann sind wir zu Badminton. Leider hat es in Strömen geregnet und wir kamen nicht in die Turnhalle. Bei Federball habe ich dann gegen alle gewonnen und das obwohl ich das einzige Mädchen und die jüngste war. Als wir zurück auf unsere Station kamen, waren schon überall auf der Station Luftschlangen, Ballons, Girlanden,…, weil die anderen schon für Fasching geschmückt haben. Das sah echt fröhlich aus und hat direkt gute Laune gemacht. Dreiviertel fünf hatten wir tanzen und danach haben wir noch ein Sketch eingeübt und dabei hatten wir die ganze Zeit Lachflashs. Anschließend konnten wir noch Ballons bemalen und nachher haben wir unser eigenes Pizzastück belegt. Gerade habe ich noch geduscht und Augentropfen bekommen und jetzt schreibe ich das.

34

Gleich wird es noch Abendbrot, also Pizza geben und danach ruft Mama noch an.

6

Langsam gehört der Alltag hier zu mir und ich fühle mich, als wäre es eine lange Haltestelle in meinem Leben. Fasching ist echt schön gewesen und alle hatten Spaß, sogar ICH. Ja, mit der Zeit merke ich, wie es Stück für Stück ganz langsam bergauf geht. Rückschläge gibt es trotzdem. Doch davon lasse ich mich nicht beeinflussen, sondern mache einfach weiter. Mittlerweile bin ich auch die, die am längsten hier auf Station ist. Irgendwie möchte ich aber auch langsam entlassen werden. Immer, wenn mich meine Mama von der Beurlaubung hier her schafft, fühle ich mich krank. Ich fühle mich wie am ersten Tag, als ich hier ankam. Und das möchte ich nicht mehr. Nach und nach darf ich wieder das machen, woraus mein sonstiger Alltag besteht. Heute jedoch steht etwas ganz besonderes an: Ich darf nach 3 Monaten wieder in meine Heimatschule! Eigentlich freue ich mich, aber als ich den Schulhof betrete, wird mir schon ein wenig anders. Doch sofort kommen zwei gute Freunde aus höheren Klassen auf mich zu und ich habe Tränen in den Augen. Es fühlt sich an, als wäre ich nie weg gewesen. Dann musste ich aber in meine Klasse, da hat sich alles schon ganz anders angefühlt. Alle Augen richteten sich auf mich. Und dann kam ein Junge auf mich zu und fragt : „Bist du wieder normal?" Zwar habe ich versucht die Frage zu ignorieren, aber eigentlich hat sie mich noch Tage danach beschäftigt. Warum wird man für seine Krankheit als anderer Mensch angesehen? Warum muss man sich für sich selbst rechtfertigen? Ich bin doch trotz allem ein ganz normales Mädchen, das hier auf der Erde lebt. All die Aussagen und Blicke lassen mich denken, ich wäre ein Alien. Als Schule endlich vorbei ist, bin ich zurück auf meine Station. Hier fühlte ich mich verstanden und ich werde nicht als Außenseiter behandelt. Trotzdem freue ich mich schon so sehr auf meine Entlassung. Endlich bin ich wieder ein freier Mensch, muss mich nicht mehr nach Zeiten richten und kann meinen Tag selbst gestalten, wie ich es möchte. Das Negative ist, dass ich nicht mehr so geschützt sein werde. Aber schauen wir mal nach vorne und hoffen, dass es mir jetzt besser als vor der Klinik gehen wird. Die Tage vergehen immer schneller und langsam wird mir klar, dass ich bald wieder komplett auf mich selbst gestellt bin. Doch die Freude überwiegt meine Ängste. Nämlich die Ängste vor der Zukunft. Ich habe Angst erneut zu versagen und das alles wieder von vorne anfängt. Ich möchte doch auch nur so leben, wie andere Jugendliche. Leben... wie fühlt sich das überhaupt an? Ich kann es nicht mehr beschreiben, die Trauer und Ungewissheit hält schon zu lange an. So sehr wünsche ich mir, nicht nochmal in eine Klinik zu müssen, um damit das Leben für mich wieder Sinn ergibt. Klar hoffe ich, dass alles so gut bleibt wie es ist, aber das wird extrem schwierig.

Die nächsten Schulbesuche standen an und zum Glück waren die alle echt gut.

7

Nun ist es so weit: Morgen werde ich entlassen. Meine Freude ist riesig und ich weiß gar nicht, was ich zuerst machen soll, wenn ich wieder zu Hause bin. Genau drei Monate bin ich hier dann in der Klinik gewesen und das hat mir schon ein bisschen geholfen. Die Klinik hat mein Leben in die Hand genommen und es wieder aufblühen lassen und gesagt: Hey, du brauchst dein Leben noch.

Hier habe ich meinen Lebenswillen zurückbekommen und ich bin psychisch sehr gewachsen. So gern werde ich mich an die tollen Momente erinnern, die ich erleben durfte. Natürlich war die Klinik nur eine Stütze, aber definitiv eine Sache, die mir Kraft gegeben hat. Und… mein Körper lebt… meine Gedanken leben wieder… und ich lebe wieder.

Der letzte Tag verging wie im Flug und so kam es, dass ich entlassen wurde. Die nächsten Wochen ging ich wieder normal in die Schule, aber ich war schon froh, als es dann hieß ´Osterferien`. Zu Ostern waren wir bei unserer Familie und danach sind wir in den Urlaub gefahren. Dort war es echt schön und ich konnte einfach mal vom Alltag abschalten und entspannen. Als wir wieder zu Hause waren, haben wir meinen 13. Geburtstag gefeiert. In den Tagen danach ging es mir aber auf einmal nicht mehr so gut, deswegen habe ich meine Gedanken mal versucht auf Papier zu bringen:

Hallo Tagebuch, (01.05.2019)

Heute war ein rund um schöner Tag, doch ich musste meine Gedanken etwas bremsen. Ich weiß nicht warum, aber heute wollte ich zur Klinge greifen, als ob es schon wieder Alltag wäre. Zwar konnte ich es verhindern, aber da war ein Gefühl, was mich von den Gedanken nicht abbrachte. Ich saß nun wieder drin: Im Gedankenkarussell. Klar, ich habe viel gelernt, doch trotzdem stehe ich hilflos da und versuche auszusteigen, doch da ist was, was den Ausgang verhindert. Auf einmal zwingen mich meine Stimmen, es zu machen, jetzt weiß ich nicht mehr weiter. Ich versuche mich abzulenken, es klappt sogar ganz gut, aber es hält nicht lange an.

Die Gedanken und meine Anspannung drängen sich mal wieder in den Vordergrund, denn der Wille dagegen ist zu schwach. Er ist erschwächt vom Karussell, was einfach nicht aufhört sich zu drehen. Ist das nun ein Rückfall oder war das Ganze nur eingebildet und ich hab mich nur zurück an einen Tag vor der Klinik erinnert. Ich will nicht mehr ich sein, nein, nicht mit der Vergangenheit. Ich bin gefangen in mir selbst.

Natürlich habe ich gekämpft und mit der Zeit ging es wieder bergauf. Ich kam in der Schule endlich wieder mit und bekam meine ersten guten Noten, was mir sehr viel Kraft gegeben hat. Ein Abend war dann aber besonders schlimm. Ich hatte mich selbstverletzt und das hat eine riesen Diskussion ins Leben gerufen. Mir wurden Dinge wie `Ich mach ja eh alles nur für Aufmerksamkeit` an den Kopf geworfen. In diesen Momenten habe ich es wirklich bereut, noch am Leben zu sein, denn ich war psychisch kaputter als kaputt. Mittlerweile hatte ich auch keine ambulante Therapie mehr, weil ich mit meiner neuen Therapeutin nicht klar kam, obwohl ich diese Gespräche so gebraucht hätte. Doch was bringt es, einer Person nicht die Wahrheit zu sagen, obwohl sie mir helfen soll. Ich bin also auf mich allein gestellt gewesen. Ein paar Tage konnte ich mich ganz gut unter Kontrolle haben, aber auf einmal ging das nicht mehr. Plötzlich herrschten meine Gedanken über mich und ich wurde überflutet von negativen Gefühlen. Ich habe Tag für Tag gekämpft, aber irgendwann ging mir die Kraft aus. „Eigentlich wollte ich sie nicht mehr verspüren, aber sie waren da, die Suizidgedanken. Nach außen war ich fröhlich und lachte, im Kopf übte ich den Tod. Schon seit einigen Tagen trug ich diese Maske. Mir wurde alles zu viel und ich wollte weg von hier, weg von all´ den verlogenen Menschen und weg von meiner Depression. Schon Tage davor hatte ich meinen Versuch geplant, war deswegen oft im Unterricht abgelenkt. Als ich allein zu Hause gewesen bin, habe ich 40 Tabletten verschiedenster Art geschluckt. Danach fühlte ich mich besser und freier, doch die Wirkung ist leider nie eingetreten. Mir war es noch nicht genug und ich habe mich selbstverletzt und dazu pausenlos geweint.

Ich war am Ende meiner Kräfte...So oft musste ich dumme Sätze einstecke, die ein Mensch in so einer Lage einfach nicht hören möchte. Genau sowas überfordert mich immer wieder und ich erleide Nervenzusammenbrüche. Ja, mir wird einfach alles zu viel und auf einmal fließen Bäche aus meinen Augen, mein Körper erstarrt und im nächsten Moment zittert er."

Tage wie diese verspürte ich zwar nicht so oft, doch trotzdem kosteten sie enorm viel Kraft und ich merke es noch Tage danach. Meistens war ich wenn sowas war in meinem Zimmer gewesen und deswegen hat es nie jemand mitbekommen. Auch wenn die Selbstverletzungen immer ziemlich schnell aufgeflogen sind, habe ich den Kopf nicht in den Sand gesteckt. Ich habe weiter gemacht und zum Glück hatte ich auch keinen Schulstress mehr, weil schon Notenschluss war. Die Zeit verging und ich bekam meine relativ guten Zeugnisse. Alle sagten ich habe es trotz so vielen Fehltagen toll gemacht, aber für mich war das wie immer nicht ausreichend. Dann waren aber erst mal Sommerferien, die sich schwierig gestalten sollten. Am Anfang der Ferien hatte ich viel mit Selbstverletzung zu kämpfen. Doch dann sind wir, also ich und meine Familie in den Urlaub geflogen, den wir an einem Wochenende in der Psychiatrie gebucht haben. In der Zeit kam ich dann ganz gut vom Selbstverletzen weg. Schon Wochen vorher habe ich mich gefreut und immer die übrigen Tage gezählt. Nun war es so weit. Anfangs ging es mir echt gut, aber das hat sich geändert. Meine Gedanken wurden lauter. Wir waren auf einem Kreuzfahrtschiff, hatten eine Balkonkabine und ich hatte Suizidgedanken. Was für eine dumme Situation. Ich stand am Anfang der Reise oft am Geländer, doch konnte mich immer wieder dazu aufraffen, es nicht zu tun. Die Gedanken sind mit den Tagen abgeklungen und ich konnte den Urlaub viel mehr genießen. Oft war ich im Teens Club bei anderen Jugendlichen oder wir waren in der Disco, wo ich meine Gedanken mal ganz leise stellen konnte. Es entstanden unvergesslich schöne Momente, die ich trotz Komplikationen erleben durfte. Die Tage nach der Reise ging es mir wieder nicht so gut. Ich habe mit Freunden, aber auch mit meiner Familie viel Zeit verbracht.

Auf einmal ging es mir noch schlechter. Ich war froh, wenn ein Tag um war und niemand was von meiner Stimmung merkte. Täglich wurden die Gedanken schlimmer und ich kämpfte bis zum letzten Augenblick vor dem Einschlafen. Von außerhalb gab es immer schlimmere Nachrichten, was mich extrem runterzog.

8

Mit den Tagen die vergingen, hatte ich keine Kraft mehr. Die Gedanken wurden immer lauter und ängstlicher. Ich hatte keinen Plan, wie es weitergehen sollte. So kam es dazu, dass ich mir in der Apotheke hochdosierte Tabletten kaufte, ohne mich auszuweisen. In dem Moment war ich überglücklich, doch im Nachhinein weiß ich, was die Apothekerin für einen großen Fehler gemacht hat. Ich habe mich im Laufe des Tages von allem möglichen verabschiedet, Abschiedsbriefe geschrieben und meinen Besitz auf verschiedene Menschen aufgeteilt. Als es Abend geworden ist und meine Mama zu Bett ging, habe ich alles in meinem Zimmer abgedunkelt. Anschließend schluckte ich viele Tabletten. Es hat sich so gut angefühlt, denn ich wusste, dass ich jetzt alles vergessen kann. Kurz danach habe ich einer guten Freundin über Whatsapp einen Abschiedsbrief geschickt. Auf einmal wurde ich panisch, mir lief Schweiß, mir war schwindelig, mein ganzer Körper tat weh und meiner Freundin ging es dadurch auch nicht gut. Sie schrieb mir die ganze Zeit, ich soll zu meiner Mama gehen, weil sie mich nicht verlieren möchte. Ich wollte es aber nicht sagen gehen. Ich wollte doch nicht, dass man mich rettet oder mir hilft. Aber meine Freundin hat nicht aufgegeben. Ich wurde immer schwächer und wusste nicht weiter. Meine Freundin gab nicht auf und motivierte mich immer wieder dazu, es meiner Mama zu sagen, denn sie wollte nicht, dass ich schon so früh von der Welt gehe. Ich atmete tief durch und bin beim 3. Anlauf vom Bett aufgestanden. Meine Freundin hat mich überredet bekommen. Ich ging zu Mama, die schon schlief. „Mir geht es schlecht, ich hatte einen Suizidversuch", sagte ich und brach in Tränen aus. Meine Mama war auch komplett überfordert. Ich ging zurück in mein Zimmer und sie kam mir nach. Sie rief im Krankenhaus an und dort sagte man ihr, sie soll sofort den Krankenwagen anrufen. Eigentlich wollte ich das nicht, aber es war die einzige Möglichkeit gewesen. Meine Freundin war überglücklich, dass ich diesen Weg gegangen bin. Ich packte mir also die wichtigsten Sachen zusammen und dann wartete ich gemeinsam mit meiner Mama auf den Rettungswagen. Ich zerbrach mir den Kopf darüber, wie es ausgegangen wäre, wenn ich es nicht gesagt und einfach geschlafen hätte. Nach gefühlten Ewigkeiten kam dann der Krankenwagen. Meine Mama machte ihnen die Tür auf und ich hörte immer näherkommende Schritte. Auf einmal standen 3 orange-gekleidete Menschen in unserer Wohnung und einer davon hatte null Verständnis für mich. Er machte mir Vorwürfe, woraufhin ich anfing zu weinen. Die anderen Sanitäter haben mich wieder beruhigt und sind gemeinsam mit mir runter in den Rettungswagen. Dort wurde mir direkt ein Zugang gelegt und dann ging es mit Blaulicht ins Krankenhaus. Die Ärzte dort haben bei meiner Ankunft sofort beschlossen, dass ich auf eine Intensivstation muss und die gibt es im Krankenhaus meiner Stadt nicht. Also wurde ich schnellstmöglich ins Uniklinikum Dresden gebracht. Auf dem Weg dahin ging es mir immer schlechter, aber ich wollte es nicht sagen, weil ich nicht wollte, dass sich jemand noch mehr Sorgen macht. Als wir gegen 00:00 Uhr in Dresden angekommen sind, standen schon alle Ärzte und Schwestern bereit, um mich direkt zu versorgen und an alle Geräte anschließen zu können. Mit meinen Gedanken war ich ganz woanders, denn das ging alles zu schnell für mich. Zunächst wurden mir alle Überwachungen angeschlossen und 2 weitere Zugänge gelegt. Ich konnte mich also so gut wie gar nicht bewegen, alle stellten mir so viele Fragen und ich war so überfordert damit. Aber ich war echt froh nach Dresden gekommen zu sein, denn da waren alle so nett und haben mir keinerlei Vorwürfe gemacht. Als meine Mama dann gegen eins gegangen ist und ich schlafen sollte, wurde mir extrem schlecht. Ich glaube jetzt begriff ich erst, wo ich war. Überall blinkt etwas, ich habe eine 2 zu 1 Betreuung, bin 60 Kilometer von zu Hause entfernt und habe überlebt. Ich liege auf der Intensivstation, damit ich weiterleben kann. Ich werde von Maschinen am Leben gehalten. Die Ärzte und Pfleger haben ihre Nachtschicht für mich geopfert. In der Nacht wurde mir alle 2 Stunden Blut abgenommen und aller halben Stunde, haben sie meinen Blutdruck gemessen. Man wusste zwar nicht, ob das Schlimmste überstanden war. Aber schon am nächsten Morgen hatte ich dann die Gewissheit, dass ich es überlebt habe. Langsam bin ich wieder zu mir gekommen und umso peinlicher wurde mir die Situation. Ich konnte nicht auf Toilette gehen, konnte mich nicht selbst anziehen, geschweige dem mich selbst waschen oder Zähne putzen. Doch die Krankenschwestern waren echt nett und haben mir bei allem geholfen. Das Radio und die piependen Geräte haben mich und meine Zimmernachbarin unterhalten. Nach dem Frühstück kam dann die Ärztin, die mir gesagt hat, dass ich auf die normale Station verlegt werden kann. Ein paar Kabel bin ich los geworden, aber ganz frei war ich leider noch nicht. Eine 1 zu 1 Betreuung hatte ich immer noch wegen Suizidgefahr. Das waren immer Studenten mit denen ich mich gut unterhalten konnte. Körperlich ging es mir immer besser und psychisch wurde ich auch gut aufgefangen. Eine alte Kindergarten-Freundin besuchte mich und manchmal vergaß ich sogar, warum ich überhaupt da war. Die Tage dort vergingen wie im Flug und ich muss sagen, es war eine verdammt tolle Zeit. Ich hatte mit meiner Betreuung immer so viel Spaß, wir haben zusammen Fernsehen geschaut, gelacht, gespielt und ich habe immer einen Keks bekommen, wenn ich es wollte☺ .Ich habe so viele nette, tolle Menschen kennengelernt, dass ich geweint habe, als ich gehen musste. Aus diesem Grund durfte ich mir dann eine Flasche von dort als Erinnerung mitnehmen. Das war echt so süß und es hat mir so viel bedeutet.

9

Ich wurde also vom Krankentransport abgeholt und als Akutaufnahme in der Psychiatrie aufgenommen. Es war dieselbe Station, auf der ich Anfang des Jahres schon mal war, doch das machte es mir nicht leichter. Eigentlich habe ich mir so gewünscht, hier nicht nochmal hin zu müssen, doch jetzt war es so. Dort ging es mir dann rapide schlechter und die Schwestern machten mir Vorwürfe, also ganz anders als in Dresden. Alle anderen Mitpatienten waren wegen Aggressionen oder Drogen da und ich fühlte mich so unverstanden. Vier Tage habe ich durchgeweint, aber das hat das Personal überhaupt nicht interessiert. Meine Mama kam mich zwar sofort besuchen, als sie es durfte, aber ich hatte trotzdem so Heimweh und wollte weg von da, einfach nur weg.

Situation vom 3. Kliniktag:

Warum habe ich es nur gemacht? Heute ist mein 3. Tag hier in der Klapse und ich bereue den Versuch so sehr. Vorher habe ich nicht drüber nachgedacht, was passieren könnte, denn ich dachte, ich sterbe. Schon seit ich hier bin, habe ich Heimweh, aber heute war es am schlimmsten. Meine Mama kam und ich habe mich echt gefreut. Auf einmal wurde mir aber klar, dass wir so gut wie keine Zeit verbringen können. Ich habe angefangen zu weinen und so ging es den restlichen Nachmittag weiter. Erst waren wir draußen und haben viel geredet, dann sind wir rein gegangen. Ich war für jedes einzelne Wort von meiner Mama dankbar, als ob wir uns das letzte Mal sehen würden. Plötzlich hatten wir nur noch Minuten und damit kam ich nicht klar. Auch wenn ich wusste, dass ich sie morgen schon wieder in meine Arme schließen kann, brach für mich eine riesengroße Welt zusammen. Mir geht es an sich einfach so gut und ich möchte nicht hier eingesperrt sein. Mir geht es hier immer schlechter und ich weiß einfach nicht, wie es weitergehen soll. Dann musste meine Mama gehen, weil die Besuchszeit zu Ende war, und ich begleitete sie noch zum Ausgang. Wir umarmten uns fest und ich sagte: „Am liebsten würde ich jetzt mit dir mitkommen." In diesem Augenblick musste sie auch anfangen zu weinen.

10

An diesem Abend weinte ich mich dann in den Schlaf, weshalb ich mit meiner Mama beschlossen habe, mich gegen ärztlichen Rat zu entlassen. Nach einer Woche war ich also zum Glück wieder draußen. Nach Hause zu gehen war echt komisch, weil ich das letzte Mal zu Hause war, als ich versucht habe mich umzubringen. Ja, es waren sehr gemischte Gefühle, die mich begleitet haben, aber die Freude hat alles überwogen. Ich konnte endlich wieder mit meinen Freunden in Kontakt treten und nächsten Tag wieder in die Schule gehen, denn die Sommerferien waren inzwischen um.

Nun konnte ich mein Leben endlich wieder leben, habe mich mit Freunden treffen können und war ein freier Mensch. Doch lange ist es nicht so schön geblieben. Ich hatte ein Erstgespräch bei meiner zukünftigen, ambulanten Therapeutin, doch sie wollte mich nicht übernehmen, weil mein Suizidversuch noch nicht so lange her war und ich ihr zu instabil war. Zurück in die Psychiatrie wollte ich auf keinen Fall, also musste ich mal wieder zu Hause allein klarkommen.

Die Tage vergingen und mal ging es mir schlechter, mal besser. Doch zum Glück habe ich immer wieder Mut fassen können, durch ein immer näher rückendes Event. Als dieser wunderschöne Tag, der mich oft vom Boden aufstehen ließ, vorbei war, hatte ich einfach nichts mehr, was mich zum Kämpfen anspurte. Die dunklen Tage kamen immer öfter und die hellen immer seltener. Manchmal blickte ich einfach an die Wand und fing an zu weinen, ohne irgendeinen wirklichen Grund. Ich war einfach müde vom Leben und trotzdem hatte ich nach außen immer eine lachende Fassade. Die düsteren Gedanken lenkten mich immer wieder vom Unterricht ab. Immer wenn ein Krankenwagen an der Schule vorbei fuhr, spielte sich mein Versuch wie als Film ganz schnell in meinem Kopf ab. In Klassenarbeiten war das sehr anstrengend, denn nicht selten habe ich daraufhin angefangen zu weinen. Manchmal saß ich die nächsten fünf Minuten aber auch über dem Blatt und wusste gar nicht mehr, wie ich sowas lösen sollte. Mein Kopf war auf

„off" geschalten und um mich herum habe ich nichts mehr wahrgenommen. Als ich wieder zurück in den Klassenraum kam, stand ich unter Druck, denn meine Gedankenfahrt hatte Zeit gekostet. Auch wenn ich meistens alles geschafft habe, hatte ich stets ein mulmiges Gefühl beim Abgeben der Leistungskontrolle. Hohe Ansprüche hatte ich in der Schule an mich selbst schon immer. Nur noch eine eins stellte mich zufrieden, bei einer zwei machte ich mich selbst schlecht und griff nicht selten zur Selbstverletzung. Doch gerade in schwierigen Zeiten, wo meine Gedanken überall, aber nicht in der Schule waren, war es sehr schwer diese Leistung zu erbringen. Es war nicht machbar und so bekam mein Körper immer größere Schmerzen zu verspüren. Im Schulsport trug ich immer noch lange Sachen mit der Ausrede „Mir ist kalt.". Ansonsten versuchte ich mir in der Schule nichts anmerken zu lassen. Zum Glück standen Herbstferien an, in denen ich ein bisschen abschalten konnte. Kein Alltagsstress, keine Schule, einfach nur LEBEN: Meine Stimmung verbesserte sich aber nicht, also schrieb in meiner Therapeutin, ob ich wieder kommen

dürfte. Ich bekam recht schnell einen
Termin und war dafür auch echt dankbar.
Endlich konnte ich über meine dunklen
Gedanken rede, ohne meiner Familie
Sorgen zu bereiten. Doch als ich von
konkreten Suizidgedanken erzählte, hatte
sie wieder das befürchten, dass ich zu
instabil für eine ambulante Therapie bin.
Tränen rollten über mein Gesicht, „Ich will
doch einfach mal zu Hause bleiben und
nicht von Aufenthalt zu Aufenthalt
geschoben werde", dachte ich mir.
Stationär wollte ich auf keinen Fall und das
wusste sie auch. Irgendwie konnte ich mir
auch eingestehen, dass es zu Hause
eigentlich nicht mehr geht, also schlug ich
eine teilstationäre Therapie vor. Damit
waren beide einverstanden. Meine
Therapeutin gab mir einen
Einweisungsschein und damit fuhren ich
und meine Mama in die nächste Klinik. Dort
hatte ich ein Akut-Vorgespräch, in welches
ich sehr viel Hoffnung steckte. Schnell
wurde mir diese genommen. Auch wenn es
da eine Tagesklinik gibt, konnte ich nicht
hin, weil es anscheinend nicht für einen Fall
wie mich ist. Das Gespräch blieb also ohne
Ergebnis und so kam es, dass wir uns eine

Woche später nochmal trafen. Gebracht hat mir dann das 2. Mal nichts, denn es hatte sich im Bezug auf die Tagesklinik nichts geändert. Langsam hatte ich echt keine Kraft mehr ständig nach Therapieplätzen zu suchen und wollte es aufgeben. Da ist mir das Uniklinikum, in dem ich medizinisch nach meinem Versuch betreut wurde, eingefallen. Mittlerweile war der Aufenthalt zwei Monate her und ich kam ganz gut zurecht damit. Also hat meine Mama die nächsten Tage da angerufen und schon drei Wochen später konnten wir zum Kennlerngespräch kommen. Auch wenn mir die Zeit bis dahin ewig vorkam, meine Tage immer dunkler wurden und nur so vor schlechter Laune trotzten, habe ich die Zeit überbrücken können. Schule wurde immer schwerer, denn meine Konzentration ließ immer mehr nach. Endlich war es so weit, am 3.12.2019 fuhren meine Mama und ich zum Termin. Ich kam direkt mit meiner Therapeutin klar und wollte echt gern aufgenommen werden. Und endlich gab es mal wieder eine schöne Nachricht: Meine Therapeutin meinte, ich kann schon in drei Tagen aufgenommen werden, weil sie sah wie ich litt. Ich war echt glücklich, vor allem als wir dann von der Krankenkasse den Bescheid bekommen haben, dass sie pro Tag 120 Kilometer Taxifahrt übernehmen. Für mich stellte die lange Fahrt kein Problem dar, denn ich legte einfach so viel Hoffnung in den Aufenthalt.

11

Die ersten Tage in der TK waren echt gut,
dafür, dass ich in eine Gruppe mir
unbekannter Leute kam und mich an neue
Regeln gewöhnen musste. Ich bemühte
mich bei den Therapien sehr und gab stets
mein Bestes. Meine Stimmung wurde aber
immer schlechter. Als meine Mama zu
einem geplanten Gespräch in der Klinik
kam, berichtete sie mir von einem
Bekannten, der Suizid begang. Auch wenn
ich mit demjenigen nie viel zu tun hatte,
fühlte ich mich dadurch irgendwie
verbunden zu ihm. Ich wusste wie es ihm
vorher gehen musste, um das er sowas
durchzieht. Meine Laune war dennoch
gedrückt und Suizid war für mich auch eine
Lösung. So kurz vor Weihnachten bin ich
einer Einweisung in die geschlossene
Psychiatrie entkommen. Ich musste einen
Vertrag unterschreiben, um das ich nach
Hause durfte, aber das war nur zur
Sicherheit meiner Therapeutin, denn ich
hätte den Suizid auch mit Vertrag
durchgezogen. Über Weihnachten konnte
ich mir aber nichts holen und so bin ich
nach den Feiertagen zurück in die

Tagesklinik. Ich war ehrlich und habe konkrete Suizidpläne angegeben. Es folgten Gespräche mit meiner Therapeutin. Letztendlich beschloss sie mit meiner Mama, mich in der geschlossenen unterzubringen, weil ich zu instabil für zu Hause war. Als wir in der Geschlossenen ankamen, hatte ich erst mal ein Aufnahmegespräch und dann wurde ich und meine Sachen gefiltzt. Dann musste ich ins Krisenzimmer, wo jede Neuaufnahme hinkommt. Dort ist man komplett sicher: Ein Metallbett mit Fixiergurten und Bettwäsche, keine einzige Steckdose oder ähnliches an der Wand und wirklich nichts außer das Bett im Raum. Nebenan ein Bad mit einem Metallklo, wie man es von Raststätten auf der Autobahn kennt. Eine 1 zu 1 Betreuung außerdem, durch ein Fenster zum Schwesternzimmer. Keinen einzigen Gegenstand von mir, nicht mal meine Anziehsachen durfte ich haben. Kopfschmerzen plagten mich, durch die endlosen Tränen. Zur Ablenkung habe ich in diesem kleinen Raum getanzt und geturnt, was die Schwestern sich dachten, war mir egal. Zwischenzeitlich kam noch die Oberärztin vorbei, aber sie machte meine

Situation nicht besser. Denn mit so Aussagen wie „Würdest du deine Gedanken nicht für so ein Stuss opfern, müsstest du nicht hier sein und wärst besser in der Schule." ließ sie meine Stimmung noch weiter in den Keller wandern. Mein Zeugnisdurchschnitt war nie schlechter als 1.6, aber trotzdem zweifelte ich an mir. Zum Glück durfte ich schon am nächsten Tag in ein „richtiges Zimmer", weil jemand neues kam. Das war zwar immer noch sehr sicher, zum Beispiel gab es keinen Spiegel, aber der Vorteil war, ich durfte meine eigenen Sachen wieder bekommen. Also hab ich mich erst mal ein bisschen eingerichtet und danach bin ich zu den anderen Jugendlichen. Wir haben den ganzen Tag nur gespielt und ab und zu durften wir in den „Käfig", das ist ein abgezäunter Garten. Die Tage vergingen und auf einmal war Silvester. Ich musste wie immer 20.30 Uhr ins Bett. Als Neujahr war, bin ich nur kurz durch Feuerwerk aus der Stadt wach geworden und dann direkt wieder eingeschlafen. Und damit hat mein Jahr in der Geschlossenen, ohne Familie und Freunde, angefangen. Nach zwei weiteren

Tagen wurde ich entlassen und zurück in die Tagesklinik verlegt.

Dort habe ich immer mehr Anschluss an die Anderen gefunden und jeden Morgen freute ich mich, dass es jetzt in die Klinik geht. Die Therapie habe ich echt ernst genommen und schnell sagte meine Therapeutin mir, dass ich gut voran komme und gut mitarbeite. Auch wenn ich anfangs bei mir selbst keine Fortschritte gesehen habe, mit der Zeit wurde mir bewusst, dass mir die TK echt viel bringt und ich so eine „gute" Therapie noch nie bekommen habe. Klar bestand nicht jeder Tag aus Regenbogen und Sonnenschein. Therapie ist oft anstrengend und kräftezerrend. In jedem Einzelgespräch habe ich geweint, aber endlich konnte ich über so viel Unausgesprochenes reden. So oft war ich stumm oder habe „keine Ahnung" gesagt, aber Frau K. (Therapeutin) hat mich nie aufgegeben, hat mir immer meine Zeit gegeben und irgendwann kam ich dann schon auf die Antwort, die sie brauchte. Sie war echt liebevoll und mit ihr konnte ich über Themen reden, die ich mit keinem Anderem beredet hätte. Die Mitpatienten

waren auch immer und unsere Rommee-
Runden wurden zur Legende. Dieser
Aufenthalt hatte so viele tolle,
unvergessliche Momente, die mich immer
zum Lachen bringen. Nach 15 Wochen
voller Höhen und Tiefen konnte ich mit
gutem Gewissen entlassen werden, auch
wenn das alles wegen Corona ein bisschen
anders ablief als geplant. Als ich dann zu
Hause war, hatte ich nur Home-School und
das war so viel besser als normale Schule,
vor allem für meine Psyche. Ostern ist
mittlerweile auch schon vorbei und mir geht
es 4 Wochen nach der Entlassung immer
noch recht gut. Ich habe angefangen mich
gesund zu ernähren und mache mehr Sport,
was mir bei meiner Recovery sehr hilft, vor
allem mein Körperbild hat sich extrem
gebessert. In wenigen Tagen werde ich 14
und somit ist schon wieder ein Jahr um, in
dem ich Stärke bewiesen habe. Doch ohne
medizinische Hilfe hätte ich das neue
Lebensjahr jetzt nicht mehr entdecken
können. Ohne die ganzen Niederschläge
wäre ich aber mental auch nicht so
gewachsen und so ehrgeizig würde ich auch
nicht sein. Was ich damit sagen möchte?
Psychische Krankheiten sind so

kräfteraubend und ohne Kampfgeist schafft man es nicht, einigermaßen gesund zu werden. Niederlagen und Rückschläge gehören dazu und die werde auch ich in Zukunft noch haben, aber trotzdem möchte ich dir mit meiner Geschichte Mut machen. Ich möchte dir zeigen wie schön es ist hier leben zu können. Ich weiß wie schwer es sein kann, aber du darfst nicht aufgeben! Wenn ich es so weit geschafft habe, dann schaffst du das auch! Alles ist möglich, wenn man endlich gesund werden möchte und auch bereit ist, Rückschläge einzustecken.

Gedanken

Text: Schule

WARUM IST DAS SO?

Schon im Kindergarten muss man den Regeln gehorchen,

Später wird man für seine Leistung bewertet.

Man darf nicht rausstechen.

Man darf keine 5 bekommen, denn das heißt man ist schlecht.

Aber jeder hat mal besseres zu tun als

Schule.

Darauf achtet aber niemand.

Man wird immer gestriezt.

Und das Ausmaß nimmt über Hand.

Früher oder später hat man psychische Ausfälle.

Denn für so ein Stress, ist der Mensch nicht geschaffen.

Doch niemand nimmt dich ernst, wenn du sagst dir wird Schule zu viel, denn

„Da muss ja jeder durch."

Text: Schule 2

In Biologie lernt man viel über Muskeln.

Und was bringt dir das?

Genau, nicht viel.

Aber wer weiß schon, was man machen kann, wenn es einem mental nicht gut geht?

Und wer würde sich schon Hilfe holen,

Denn dann ist man ja direkt krank und verrückt

Ja, genau so spricht die Gesellschaft

Und ja, so ist nun mal das deutsche Schulsystem

Aber

WARUM IST DAS SO?

Text: Stolz

Vielleicht wirst du es heute nicht schaffen,
vielleicht auch nicht morgen.

Aber irgendwann wirst du zurückblicken
und sehen, dass du es geschafft hast.

Du wirst erstaunt sein, wie leistungsfähig du
bist und was du so alles schaffen kannst.

Du wirst stolz auf dich sein. aber das solltest
du nicht nur wenn, wenn du etwas
geschafft hast.

Du kannst auf so viel „Alltägliches" stolz
sein.

Du läufst, sprichst, löst Aufgaben und
schenkst deinen Mitmenschen Liebe.

All das konnte kein Mensch, als er noch
ganz neu auf der Welt war.

Text: Wie die Anderen

Ich habe so viel erlebt, was andere als Alptraum bezeichnen.

Habe schon mehr durchgemacht als Oma und trotzdem soll ich wie die Anderen sein.

Ich darf kein Systemsprenger sein, weil man das von mir nicht erwartet.

Stärke erwarten alle, aber zu sehen, was für Leistungen ich schon bringen musste, dass erkennt niemand.

Wollte schon oft nicht mehr leben, aber hab es immer wieder auf die Beine geschafft.

Wäre fast tot gewesen, doch auf einmal war ich wieder lebendig.

Fühle mich immer noch kraftlos, aber was glaubt man einem 13-jährigem Mädchen, welches mitten in der Pubertät steckt.

Bin schon lange nicht mehr wie DIE ANDEREN in meinem Alter, denke nicht über Jungs nach, eher über den Tod.

Text: Verzweiflung

Ich bin verblutet, ob innen ob außen, keiner will mir noch Gutes, ich wöllt am liebsten ersaufen, doch alle zeigen mit dem Finger auf mich.

Was soll ich tun, hab keinen bei mir, auch wenn mein Herz bricht, Narben verschwinden nicht.

Ich will versuchen zu vergessen, doch Narben bleiben und Tag für Tag muss ich drunter leiden.

Text: Hass

Ich fühle mich krank.

Mein Verhalten ist krank und ich will nicht mehr.

Ich mache meine Augen zu, wenn ich an einem Spiegel vorbei laufe.

Ich helfe anderen Leuten, aber mir selbst nicht.

Ich ziehe mich luftig an, damit man mein Fett nicht sieht.

Ich verstecke meine Narben, damit mich niemand drauf anspricht.

Ich hasse mich selbst, aber schreibe anderen, dass sie sich selbst lieben sollen.

Um mich dreht sich alles, aber ich kippe nicht um.

Ich will mich nicht mehr mit Freunden treffen, weil ich mich in der Stadt unwohl und beobachtet fühle.

Und dann bricht das Gedankenchaos in mir aus, doch ich behalte es für mich und tu so, als wäre nichts gewesen.

Text: Anders

Zu krank zum Leben

Zu gesund zum Sterben

Zu schwach zum Kämpfen

Zu stark zum Aufgeben

Zu hässlich um selbstbewusst zu sein

Zu dumm zum Überleben

Zu krank für die Zukunft

Zu kaputt zum Lachen

Zu ehrlich zum lügen

Zu verlogen um ehrlich zu sein

Zu jung um selbstständig sein

Zu alt zum Hilfe holen

Zu still zum Reden

Meine Gedanken wollen mir beweisen, dass
es sich nicht mehr lohnt

Text: Gefühle

Und ich schreibe auf, was ich fühle

Doch eigentlich ist das einzige, was ich
fühle, Leere

Ich kann niemanden lieben oder hassen,
alles fühlt sich so gleich an

Die Schnitte werden immer tiefer, weil ich
schon lange nichts mehr spüre

Doch was ist, wenn mir dieses
Taubheitsgefühl mal das Leben nimmt?

In der Öffentlichkeit ziehe ich Pullover an,
zu Hause verstecke ich alles

Doch im Sommer ist das so schwer, wie den
anderen Leuten den Glauben zu schenken,
dass es mir gut geht und keine Hilfe brauche

Ich weiß zwar noch nicht wie, aber ich
möchte diese hässliche Krankheit besiegen

Ich will nicht täglich in meiner Scheinwelt
weinend im Bett liegen und abgeschottet
von der realen Welt sein

Nein, so bin ich nicht und will ich nicht sein

Text: Suizid

Ich frage mich, ob ich es wirklich wagen
soll….

Was wenn ich nicht sterbe?

Oder was ist, wenn ich mir alles Schlechte
nur einbilde und es mir gut geht.

Es ist ein Gefühl, was ich nicht beschreiben
kann, welches mich dazu anregt, es zu
machen

Mein Bauch tut so weh und ich zittere,
innerlich bin ich schon zusammen
gebrochen

Ich will nicht, dass alles wieder von vorne
anfängt

Eigentlich wollte ich doch stark sein, aber
gerade breche ich unter der Last zusammen

Text: Alpträume

Ich wache auf

Mitten in der Nacht

Fühle mich so kalt, doch der Schein trügt

Ist das wahr?

Habe ich gerade mit den allergrößten
Dämonen gekämpft?

Mein ganzer Körper ist so schwach und ich
fühle mich wie gelähmt

Ich starre in die unendliche Dunkelheit

Und dann wird mir klar

Das alles war nur Traum und gar nicht wahr

Text: Nicht ich

Ich bin so fertig mit der Welt und will nicht mehr hier leben

Ich möchte nicht ständig runter gemacht werden

Ich möchte ein glücklicher oder gar kein Mensch sein

Doch um glücklich zu sein, habe ich zu wenig Kraft

Ich will nicht ich sein und auch niemand anderes

Ich möchte nicht existieren

Vielleicht bin ich auch einfach zu schlecht

Den Sinn des Lebens habe ich schon lange vergessen und dem Leben einen Sinn zu geben, das ist zu schwer für mich,

denn

......

Das bin NICHT Ich

Text: Aufgeben

Die Gedanken sind so laut

Der Selbsthass so stark

Die Stimme so leise

Ich will aufgeben.

Ich schreibe einen Abschiedsbrief.

Ich will nicht mehr.

Alles ist so sinnlos.

Ich.

Die Therapie.

Mein Leben.

Psychologen versuchen mich am Leben zu
halten.

Doch es ist so sinnlos.

Ich will mein Leben nicht mehr.

Nein, auf gar keinen Fall.

Doch ich habe der Klinik was versprochen.

Ich verschiebe das Sterben auf nächsten Tag.

Und dann auf nächste Woche.

Doch ich will sofort sterben.

Die Gedanken sind doch so laut.

Text: Depression

Warum habe ich diese beschissene Krankheit?

Das frage ich mich Tag für Tag.

Warum muss ich jederzeit kämpfen, aber anderen geht es viel besser.

Mein Kopf möchte nicht mehr leben.

Er will nicht weiter in der Krankheit gefangen sein.

Mein ganzes ICH möchte frei sein.

Frei von diesen ewig finsteren Tagen.

Weg von den quälenden Gedanken.

Weg von den bösen Menschen.

Ich möchte nicht weiter in diesem Karussell mit Hochs und Tiefs sitzen.

Es reicht mir.

Ich musste schon genug darunter leiden.

Wann kann dieser Alptraum endlich aufhören?

Wann kann ich wieder normal leben?

Text: Kurzfilm in Gedanken

Es fühlt sich nicht mehr wie ein Leben an.

Eher denke ich, ich sitze in der Hölle.

Ich bin allein, obwohl alles um mich herum so laut ist.

Ich höre viele Stimmen, aber nehme keine wahr.

Das Geräusch eines RTWs ertönt.

Ich zucke zusammen.

Mein Körper ist starr.

Meine Augen starren an die Wand.

Ich bekomme nichts mehr mit.

Ich bin in meinen Gedanken gefesselt.

Ein Film im Kopf zeigt mir meinen Suizid.

Langsam kehre ich in die Realität zurück.

Kann wieder atmen.

Bin wieder in der richtigen Welt.

Gott bin ich müde.

Es war so anstrengend.

Text: Leere

Die Zeit vergeht immer langsamer.

Ich fühle mich schwach.

Ich fühle mich kraftlos.

Ich kann nicht mehr, aber darf nicht aufgeben.

Ich überlege alles zu beenden.

Doch ich bleibe stark.

Doch auf einmal der Rückschlag.

Ich muss funktionieren, aber irgendwie funktioniert das nicht.

Meine Gedanken kreisen und ich fühle nicht viel.

Ich fühle die chronische Leere.

Es fühlt sich schrecklich an und ich breche zusammen.

Text: Narben

Ich trage

Narben

am

ganzen Körper.

Wurde schon oft deswegen gefragt.

Oder angeglotzt.

Doch sie sind ein Teil von mir, der immer da
sein wird.

Sie zeigen mir, wie sehr ich gekämpft habe.

Wie oft ich am Boden lag.

Und wie oft ich aufgeben wollte.

Sie sind

ein Teil von meiner

Geschichte.

Text: Lebensfreude

Ich bin schon oft hin gefallen.

Habe viele Dinge erlebt.

Lag auf der Intensivstation.

Habe stundenlang geweint und

keinen Ausweg mehr gesehen.

Doch…

Ich habe nie aufgehört zu kämpfen.

Immer von vorn angefangen.

Immer etwas Positives in der Situation gesehen.

Nie den Mut verloren.

Bin immer ehrgeiziger geworden.

Habe nie die Kraft verloren….

…und jetzt…

Kann ich wieder ehrlich lachen.

Kann stolz auf mich sein.

Ich lebe mein Leben.

Stelle mich meinen Ängsten.

Und sehe das Leben als:

Glück des Menschen

Text: Das Leben

Egal wie oft du fällst, steh wieder auf!

Egal wie oft du verlierst, das nächste Mal gewinnst du!

Egal wie oft du es versuchen musst, es wird die gelingen!

Egal wie schwer es ist, du wirst es meistern!

Egal wie oft dich Menschen verlassen, die Wichtigen werden bleiben!

Egal wie lange du lebst, lebe dein Leben JETZT!

Das LEBEN ist die größte Aufgabe, die wir bekommen, aber diese Aufgabe ist LÖSBAR!

Text: Monster

Manchmal fühle ich mich wie ein Monster.

Denn...

ich habe psychische Krankheiten.

Suizidgedanken

Narben

ich war in der Psychiatrie.

Doch warum ist das so ein Tabuthema?

Es ist so präsent und doch so fern.

Viele Leute haben so viele Vorurteile und wollen mit psychischen Krankheiten nicht zu tun haben.

Warum?

Wir sind trotzdem der gleiche Mensch

Und...

...wir sind auch mit unseren Krankheiten perfekt.

Oder findest du einen Menschen mit Asthma komisch?

Text: Nur einmal

Bitte lass mich nochmal fühlen als wäre ich ein Kind

Lass mich unbeschwert durch die Straßen rennen

Und bitte lass mich unbeschwert in kurzen Sachen rum laufen

Bitte lass mich nochmal ohne all diese schrecklichen Momente leben

Und lass mich ohne Ängste in die Schule gehen

Bitte lass mich so selbstbewusst sein wie früher

Bitte lass mich wieder ein Mensch werden, der einfach glücklich ist

Lass mich eine Situation ohne Ängste leben

Und lass mich jemand werden, der wieder gerne auf der Bühne steht ohne Angst zu haben, zu versagen

Bitte lass mich einfach wieder LEBEN

Bitte liebe Depression

Ich möchte es wieder

Und das

Nur EINMAL

Text: Seelischer Krebs

Krebs und Depressionen.

Zwei so unterschiedliche Krankheiten.

Die eine körperlich.

Die andere seelisch.

Und doch sind sie so gleich

Wenn man nicht rechtzeitig mit Therapie anfängt, ist es zu weit fortgeschritten

Wenn die Therapie die falsche ist, kann es zum Tod führen

Beide Krankheiten sind eine Irrfahrt ins Ungewisse

Nicht nur für Betroffene anstrengend

Auch für Angehörige kräftezerrend

Oft gibt es nicht nur einen Aufenthalt

Manche gelten als geheilt.

Doch jederzeit kann ein Rückfall kommen

Und manchmal…

…endet es tödlich.

Text: Der Dämon

Du warst nicht ich

-

Und ich nicht du

Und doch sitzt du tief in mir

Ohne das ich es dir erlaube

Du hast dich einfach so entwickelt

Und mein Leben um 180 Grad gedreht

Doch warum bist du so gemein?

Warum machst du mich runter?

Warum verletzt du meinen Körper?

Warum lässt du mich in der Psychiatrie
schlafen?

Bitte

Lass mich in Ruhe und zieh dich zurück

Du

Schlechter Teil in mir

Oder

Bin ich der schlechte Teil?

Text: Mein Aufenthalt

Und dann sitzt du da, in der

Geschlossenen.

Alles ist so sicher wie in einer Gummizelle.

Nahezu jeden Tag kommen Notfälle.

Tag ein Tag aus spielst du.

Mehr darfst du nicht.

Dein Handy hast du nicht.

Ab und zu darfst du in einen, mit hohen
Zäunen umrandeten, Garten

Deine Mitpatienten und der Fernseher ist
die Geräuschkulisse

Hin und wieder hast du Untersuchungen.

Ansonsten spielst du nur Canasta oder
Räuberrommee.

Und das jeden Tag.

Jeden Tag derselbe Ablauf.

Und so vergehen die Tage

Auf

Der

Geschlossenen.

Text: So sind sie

Alles wird gut, sagen sie.

Doch sie wissen nicht wie es ist.

Sie wissen nicht wie es ist…

…an den eigenen Suizid zu denken.

…sich selbst zu verletzen,

…ständig unbegründete Panik zu haben.

Sie wissen nicht wie es ist…

…in einer Psychiatrie zu sein.

…sich selbst abzustoßen.

…und sie wissen auch nicht wie es ist, so zu sein wie ich es bin, denn…

Jeder ist anders.

Jeder fühlt anders.

Und jeder denkt anders.

Und trotzdem versuchen sie mir Mut zu machen und sagen:

Alles wird gut, ich weiß das.

Text: Viele

Ich bin eine von vielen.

Eine, die sich Hilfe geholt hat.

Eine, die nicht mehr so richtig allein
klarkam.

Ich weiß, ich bin damit nicht allein, aber
trotzdem fühle ich mich anders.

Doch ich habe es geschafft.

Ich habe es geschafft mit Therapie mein
Leben wieder auf die Reihe zu bekommen.

Ich habe es geschafft, mein Leben in die
richtige Richtung zu lenken

Auch wenn es immer Rückschläge geben
wird

Therapie hilft mir, mit Rückschlägen klar zu
kommen

Und das ist vollkommen ok

Jeder hat diese Hilfe verdient

Denn…

...manchmal schafft man es nicht mehr allein.

Text: Schule 3

Jeder kennt es

Drei Tests und eine Klassenarbeit in der Woche

Zwischendurch noch ein paar Mündliche

Hausaufgaben gibt es auch noch

Ach und einen Vortrag muss man auch noch vorbereiten

Doch

Trotzdem wird der Jugend gesagt, wir sind faul

Wir sollen uns mit Freunden treffen

Hobbys nachgehen

Und uns vielleicht noch um Geschwister kümmern

Ja…

Mach das mal als Mensch

Und dann noch als psychisch kranker Mensch, der auch mal andere Gedanken als Schule hat

Wie soll man das schaffen?

Wir sind doch keine Maschinen

Aber

Willkommen im Schulalltag

Text: Therapiestunde

Ich sitze da

Bei meiner Therapeutin im Raum

Auf die Frage

„Wie geht's dir"

Kann ich nicht so richtig antworten.

Ich starre einen Punkt an.

Und dann kommt das schwierige Thema

Schon als meine Therapeutin das Wort nur
ausspricht

Fange ich an zu weinen

Meine Stimmung wird schlechter

Die ganze Stunde habe ich gläserne Augen

Und eigentlich sind wir schon beim 2.
Thema

Doch ich bin noch beim Ersten

Ich komme davon nicht mehr los und weine
auf einmal wieder los

Meiner Therapeutin kommt das komisch
vor, doch sie geht nicht weiter drauf ein

Und dann ist das Gespräch auch schon zu
Ende.

So sahen sie aus

Meine

Therapiestunden

Text: Das Schreiben

Es gab mir schon immer Kraft

Egal wo ich bin

Immer habe ich ein Papierstück und einen
Stift mit

Denn

Es gehört zu mir

Es hat mich durch meine schwere Zeit
begleitet

Es hat mir geholfen, meine Gefühle auf
Papier zu bringen, denn manchmal war das,
das Einzige, womit ich mich verständigen
konnte

Manchmal war mein Mund stumm

Kein Wort kam mehr raus

Aber dann hat mir das Schreiben geholfen

Ich habe zwar nie gedacht, dass du das mal
liest

Aber

Von Anfang an war es ein Traum von mir irgendwann meine Texte zu veröffentlichen

Denn: Auch wenn es nicht immer steil nach oben läuft, ist das Leben lebenswert.

Zu kämpfen bedeutet auch Niederlagen einzustecken, denn...

...so ist das Leben.

Nachwort

Danke, dass du dir dieses Buch bis hier hin durch gelesen hast!

Ich hoffe du kämpfst genauso wie ich und gibst auch in schwierigen Zeiten nicht auf. Und wenn du mal nicht weiter weißt, dann öffne dich jemandem! Es ist vollkommen ok sich Hilfe zu holen und es kann manchmal echt helfen.

Wenn du mal Sorgen/Ängste/etc. hast, dann schreib es hier auf und wir kämpfen gemeinsam dagegen an:

Danksagungen

Danke Mama, dass du mich auf meinen schwierigen Wegen unterstützt hast!

Danke Cindy, dass du mich motiviert hast, den Suizidversuch zu beichten!

Danke Frau Kr., dass ich so viel durch ihre Therapie lernen und umsetzen konnte!

Danke Selma, dass du mich immer zum Lachen gebracht hast!

Danke Nelli, dass ich mit dir auch über schwierige Themen reden konnte!

Danke Kim, dass ich dir meine Probleme anvertrauen konnte!

Danke Chi Lan, dass du mir vor allem am Anfang sehr geholfen hast, alles zu überstehen!

Danke Anna, dass du mir seit dem ersten Klinikaufenthalt Mut gegeben hast und immer ein offenes Ohr hattest!

Danke Amelie, dass du immer Verständnis für mich hattest!

Danke aka Entenfamilie, dass ihr meine Tagesklinik-Zeit so toll gemacht habt!

© 2020, Chantal Gawor

Autor: Chantal Gawor

Umschlaggestaltung, Illustration: Chantal Gawor

Lektorat, Korrektorat: Chantal Gawor

Übersetzung: Chantal Gawor

Verlag & Druck: tredition GmbH, Halenreie 40-44, 22359 Hamburg